MARÉES VACHES

DE LA MÊME AUTRICE

JERK, L'Arbre de Diane, 2022.

Cobalt, Tétras Lyre, 2019.

Maud Joiret

MARÉES VACHES

Préface de Fanny Chiarello

Collection « Poche / Poésie »
Le Castor Astral

MARÉES VACHES
est le mille trois cent soixante-cinquième ouvrage
publié par Le Castor Astral

Maquette de couverture : Magali Giraudo.

Crédits photos :
Photo page 1 : © Jolyne Vanquaethoven
Photo page 2 : © Alice Khol
Photo page 207 : © DR
Photo page 208 : © Alice Khol

L'éditeur tient à remercier
les éditions Tétras Lyre.

L'autrice remercie la Fédération Wallonie-Bruxelles
pour le soutien apporté à l'écriture de ce livre.

www.castorastral.com

ISBN 979-10-278-0365-1

PRÉFACE

février 2023

la première fois que je vois Maud Joiret c'est en vitrine

j'ai les clés de la librairie pour une semaine je vis dans la librairie je dors au-dessus des livres d'artistes et de la poésie

le matin je lève le lourd volet de fer pour aller courir dans les recoins de Liège

et quand je reviens la fille est là qui lèche la barre de bus en rose dans la vitrine[1]

au Comptoir du livre mon amie Catherine Barsics et moi écrivons et fabriquons un recueil en une semaine

l'une des parties consiste en coups de cœur de libraires factices : nous choisissons des livres qui nous attirent les ouvrons au hasard lisons les deux pages qui se présentent et imaginons le reste

je suis attirée par le titre *JERK* et par la langue sur la barre

qui emmerde l'hygiénisme ce ver solitaire de la conscience collective alors

---

1. Il s'agit en fait d'une barre de tram et ça se passe sur la couverture de *JERK*, L'Arbre de Diane, 2022.

je lis deux pages de *JERK* par Maud Joiret puis j'écris mon bristol

« lécher des barres de bus, danser le jerk nue dans la rue : ce manuel bilingue est un tutoriel incontournable pour les jeunes femmes rebelles en quête »

et le hasard du massicot veut que ma critique s'arrête là dans le livre en kit avec Catherine

qui s'intitule *Sauvages* et qui a un isbn et pour colonne vertébrale une pochette en plastique

juin 2023

je veux m'asseoir dans le sens de la marche mais pas à mi-fenêtre

pour que le panorama le plus large possible s'offre à mon regard quand je lèverai les yeux de mon livre

(en fait le livre d'une autre Fanny que moi)

je traverse plusieurs voitures avant de trouver le siège idéal dans le TER vers Amiens

je m'y installe et jette un œil de l'autre côté de l'allée où ça

alors

une jeune femme lit *JERK* de Maud Joiret

c'est la première fois que je vois quelqu'un lire de la poésie contemporaine dans un train régional et c'est la poésie de Maud Joiret

je prends une photo avec mon téléphone

la jeune femme a un petit air de la Fanny dont je lis le *Delta* : comme une harmonique revêche dans le coin gauche de la bouche

elle porte une chemisette aux motifs idoines i.e. surannés
je lui trouve beaucoup de classe avec sa chemisette son harmonique et son *JERK*
oh la belle et inopinée compagnie
je voudrais qu'elle s'intéresse à ce que je lis
je voudrais qu'elle soit aussi fascinée par mon livre dans ce train régional que je le suis par le sien
je voudrais dire quelque chose or je me sentirais comme ces hommes qui pensent le monde à la disposition de leurs commentaires aussi je me tais

même si l'occasion est unique – aurais-je jamais cru un jour croiser un autre spectre
sans me manifester ? moi qui suis en perpétuelle quête
d'alliées dans les brillants débris
de l'espèce dans la débâcle numérique la bakélite effritée
des modernités révolues
poussées dehors par d'autres qui à leur tour le seront bien assez tôt

mais quand à l'approche d'Amiens le train annonce la gare de Douai
l'inconnue s'adresse à moi et nous rions ensemble de ce train qui ne sait pas où il va
nous rions de soulagement
elle d'arriver là où elle est attendue et moi d'avoir pu lui parler
avant qu'elle ne soit avalée par la foule et le dédale des rues

car dans l'euphorie de ces trois phrases échangées je me laisse aller à déclarer

C'est la première fois que je vois quelqu'un lire Maud Joiret dans un train

et la jeune femme répond

En plus elle parle beaucoup de trains

sur le quai je crois deviner qui vient à la rencontre de la chemisette harmonique

une intuition : je dirais que c'est cette femme dont le carré bouclé à chaque pas se soulève pneumatique mais

je ne me retourne pas pour le vérifier

pour assister à l'étreinte au baiser aux mains dans les cheveux sur le tissu aux motifs démodés sans doute au creux du dos

je ne connais Maud Joiret que de texte pourtant je lui envoie la photo de la jeune femme cadrée sans le visage

lisant le livre à couverture rose sur le fond vert flou de la campagne que fendait le train à destination d'il ne savait où

comme nous n'avons jamais échangé ne serait-ce qu'un émoji

et que je ne sais s'il convient d'adopter tutoiement ou vouvoiement

je ne dis pas bonjour mais seulement *dans le train ce matin* je fais

comme si mon coup de cœur libraire éphémère nous liait Maud et moi dans le vaste monde autant que dans *Sauvages* comme si nous venions d'échanger des anecdotes ferroviaires en buvant un café

ainsi est-ce en quelque sorte un *Tu ne devineras jamais la dernière*

qui me vaut ce jour de lire *Marées vaches* en avant-première et d'écrire ces lignes de

préface

le préambule de *Marées vaches* est une gerbe posée sur le tombeau de la civilisation

une gerbe *engendrée dans la traversée de l'atmosphère par une particule de grande énergie provenant du rayonnement cosmique primaire*[2]

une gerbe sur le trottoir de l'espèce au lendemain de sa bruyante autocélébration

ce qui reste : des éclaboussures des éclats des particules

au mont-de-piété universel

au clou la bimbeloterie de l'existence

au clou la poésie dont les mots se détachent en poussière de langue atomisée avant que ses grains ne dessinent en suspens de nouvelles cosmogonies de nouvelles locutions à la fois neuves et déjà familières

au clou les émois de la chair et de ses véhicules

pièces détachées de corps à s'enfiler comme des accoudoirs au hasard

décrochées du clou à tâtons pour tâcher de combler d'inépuisables béances

---

2. La gerbe de *PHYS. NUCL.* vue par le CNRTL (https://www.cnrtl.fr/definition/gerbe).

au clou la question du sens troquons-la contre l'occupation de l'espace-temps

il me semble que c'est ce dont il s'agit
et si je caviarde les pages que vous allez lire (quelques mots à chaque saut) je dirais que

venir de là – l'écrire
c'est une danse et maladie mentale ça

entre les lèvres dissoutes
la forme mène au même phatique dans un reflux de pages
logorrhées funambules dans l'orifice calibré

avec ses mots sertis dans la magie
l'ébullition du silence fissionne fissa
je vomis tous les commentaires
tétris épileptique sursaturé sur mes antennes
sur le ressac des existences

deux doigts dans chaque orifice ~ sauvage
en suçant je t'aspire je me noie m'évapore
parle en yaourt régurgite souvent à côté
feu d'artifice pour baudruches de l'existant
mon orchestre du chaos conjugaison barbare
catalogue les blancs sur les corps dysphasiques
sans mentir avec des verres fumés

la langue disséquée
kaléidoscope en hébétude selon un double mouvement oblique

entre les fluides on pourra respirer franchement

les tremblements du tracé qui forment l'unique langue
que je semble connaître en communication avec toi
langue hermaphrodite – quel scandale je fais de la rétention
comme si ça ne suffisait pas de trouver un mode d'emploi pourvu
qu'on soit à deux

et plus loin des déchets sur la clôture du temps
la ligne de partage entre hier et demain est une affaire de jonctions
sur des bouts de papier, depuis toujours : rien n'est vrai tu le sais
quand le monde regarde ailleurs dans le noir
dans tes yeux en lente sidération une hypothèse
à chaque tentative taxonomique : et si.

route d'incertitude exquise terreur de tracer le circuit
trouver une issue
une langue inconnue dans les futurs proches
de mémoire floue

la brute camisole s'écarte

lèvres closes cracher du poème dans un présent perpétuel en attente
d'être texte
flux systole dans l'abécédaire de quelqu'un·e

quand les femmes connaissent
un remède au silence
le doute
le désir
mais les mots forment un sac plastique dans la graisse du non-dit
devant l'étal des yeux vides un fracas de silence
l'oubli ne ment pas les mots s'enfoncent dans le sable
lissez du doigt l'actualité la plus désirable
remake des arbres après les livres

cureteuse de profondeurs magiques
la nuit ne dort pas
l'espace respire s'architecture d'autres diagonales à 55 degrés
pour contrer l'asphyxie de nulle part : le détail s'est élevé à l'extraordinaire
un envers de vertige pour les fantômes

le passé s'abandonne dans les ruines sismiques
quelque chose fuit
la géographie ne compte pas

s'accumule
ce qui veut déborder librement dans un trou du décor
où le passé sourit
à la peur par
exemple

ce matin Maud me rappelle que sa poésie est humaine & urbaine dans un mail que je lis avant d'aller

comme tous les matins recenser les arbres les petits mammifères et les oiseaux d'eau qui vivent autour de chez moi, regarder le soleil se lever sur la forêt lointaine, imaginer les sangliers affairés là-dedans

(la forêt au mystère odorant humide et sombre qui moutonne sur les champs comme un sexe autrefois hermaphrodite et fécond aujourd'hui violenté moribond)

quand soudain je prends conscience que pendant 27 ans à Lille j'ai vécu sans collines boisées à l'horizon sans horizon : dans un amphithéâtre – avant de prendre ma retraite des faims que dit Maud

de toutes les faims conjuguées

dans un amphithéâtre voisin

j'apprécie que Maud nous emmène à la mer entre deux immersions dans le ballet des corps la cacophonie des villes entre deux mises au casino de l'humaine compagnie

Interludes marins apaisants

tandis que son *Paysage avec vaches* me fait rire aux éclats, excursion au *vert obscène / douloureux presque dans son absolue / inaptitude / à la consolation*

les mots et les paysages de Maud ne sont pas les miens je m'y abandonne

je ressens la configuration de son âme sans en comprendre toute la grammaire : pour quoi faire ?

sus à la supercherie du sens, au clou le sens, basta now

car la poésie active des zones du cerveau que ne peut atteindre le langage ordinaire avec son usage informatif, sa fonction phatique et ses séquences de mots figées

la poésie suscite à l'esprit la densité de l'instant sans sucre ajouté sauce aigre-douce ni slogan

elle consiste à prendre bouche à soi dans la langue de toustes, à se faire un doigt des rhétoriques pour en exhaler d'inouïs ahans, à suggérer la profusion de l'expérience terrestre

faune flore géologie topographies architectures & autres artefacts espace-temps élastique poésie des détritus chorégraphie des corps circulation des sucs et ressac

des marées vaches

Fanny Chiarello

PRÉAMBULE

des hydrocarbures
des fumées
des billets à gratter
de la toxicité
des messes basses
de scouts
des fessées des baisers
de la petite souris

des jardins où poussent des jonquilles
titube l'âge adulte

des amitiés de toute une vie
de toute une mort

des jokaris
des fancy fairs
des pluies acides
des alzheimers
des accents
des toiles cirées
des renoncements
des petites culottes

des dimanches après-midi

des foies gonflés
des poumons nécrosés
des rires francs

des stars des cinémas des jeux
d'argent, vidéos, impolis
des planisphères des lumières
éteintes

des combustions

de l'attente
des joues mordues de l'intérieur
des pelouses
tondues

des promotions sur la viande hachée et les gels douche

de Fantomas
de Fanfreluche
de Fantômette
des logopèdes
des maladresses
des entrées de gamme
des cyclothymies
des débandades
du conditionnel passé
des piluliers
du week-end sportif
des Saint-Valentin
de l'instinct de soumission
des marchés annuels

des excursions scolaires

des colonies de vacances
des stades
oral
anal
pleins à craquer
des stands de tir et de hamburgers
des habitudes
de l'ignorance
du respect
pour les bourgeois
les nations impérialistes
les canaris en cage
des voisins
du sucre

des papiers peints
d'ulcérations
des profs de gym
des briques rouges

venir de là – l'écrire
avec constance
et ses silences

comme on se rend au mont-de-piété

comme on s'enfonce dans l'océan

l'écrire avec des trous normands

des interludes marins pour se rincer
la gorge, les points
cardinaux

l'écrire quelquefois pour la voix, par goût
de la chose

l'écrire comme on regarde passer des trains
                                                                      internationaux
en restant   ensemble

quelque part
ici

Interlude marin

c’est une ville
un port
une rue en pente sur une colline qui n’existe plus
que dans l’idée et les tensions
du quadriceps

le goudron mime la vague
rend *cheap* l’idée de colline
en son milieu deux ailes cargo
un goéland dépèce un rat

c’est une danse
un corps vivant ou mort
l’inconnue de cet état
porté jeté par un bec c’est l’œil
rouge du volatile le pelage brun
foncé de la proie

dans six jours au faîte
de la rue nous prendrons un café
puis nous irons chez toi l’après-midi
culmine sur un lit

tu espères des tomates dans ton potager
urbain rouges comme le sang que nous laverons
sous la douche jumeau du bleu qui fonde la ville
toute colline, toute montagne, toute vie,
la tienne, celle de nos parents nés loin d’ici

et les blattes, les moustiques et les oiseaux

ta sueur pour ne pas crever
ta salive étrangère comme moi ici
nous accueille avec l'idée de la mort à vivre
de la vie à mourir quelque part
le rat n'est pas mort
nous sommes cloué·e·s l'un·e à l'autre
un rapace nous perce le ventre

nos yeux : des cerises salées par les embruns

(Einstein les digère depuis longtemps)

Cobalt

F
L
I
N
G
U
E
M
O
I
B
O
R
D
E
Les petits trous, partout.

Weltschmerz :
accès de mélancolie ou maladie mentale
c'est selon

J'ai commencé à voir les bleus.

Je suis atomisée.

Ça me fascine.
Ça m'obnubile.
Ça me rend dingue.

Bang bang
calibre de ton choix.
Le canon : luisant, bleu noir.
Chambres rotatives indépendantes.
Détente souple.
Feu mat.
Intensité Magnum.
Six coups cartomanciens.
Millimètres secrets.
Qu'on a envie de glisser entre les lèvres.

Cellules dissoutes
dans le brouhaha
pas moyen d'ajuster une pensée.

Je m'inocule des doses d'alcool colossales. Je me
shoote. J'enfile des mains, des selles de vélo,
des accoudoirs, des godes,
de l'urgence.

Il s'agit d'éviter que les particules se fassent la malle
sans que j'aie pu donner forme à quelque chose.
Je suis, en somme, pavée d'espoir.
C'est toujours là que je te vois.

Aujourd'hui
est partout
hier et demain
sans doute perché
high heels
sur une route qui mène
au même
le silence barré
du monde des soumis
des réunions des lignes
de métro des files
d'attente des pauses
clopes.

Dans des rigoles grouillent les trouilles ordinaires.

Les bouches sont sèches
Les salives phatiques.

Ressac
la mélodie malade
comble
bruits vides cliquetis portables téléphones

absorbe
paroles au sang tiède
mots selfies
odorants

Je m'absente de la surface vertigineuse des échanges
– dystopique.

Mon empreinte
dans le sable des heures
enfonce
et le hic
et le nunc
dans un reflux sans âge.

J'espère que quelque chose me prenne de plein fouet.

Alors
je te fais venir.
Je m'avance dans tes territoires,
j'ouvre des fenêtres, des mails,
des livres, tourne des pages.
Je te relis.
Bingo.

Quand je te lis tu me lies
axiome pirate
par injection
dans la pupille
mes iris bandent

prends garde à toi
quand je te lis.

Tap tap tap dans le creux du coude.
Le début d'une histoire cherche veines suicide girl.

Optimiste, je m'apprête à célébrer l'événement.
J'agite, n'importe quoi, un peu de parfum, un mégot fumant, une épitaphe au futur pour garder les yeux ouverts.

J'inspire jusqu'à ce qu'irradie
le sommet de mon crâne. Que tombent cendres corbeau
les pensées internées, oiseaux
de paradis.

Je vis en Asphyxie.
Capitale : Addict.

Le temps se traverse en imprimant des logorrhées funambules sur aiguilles.

Stop.

Dans l'orifice calibré survie il faut que tu mesures ce
qui
se joue

Je ne suis pas d'ici
J'ai un nulle part tatoué là où
la vague creuse
Je n'aime que les filles en Colt script-killeuses
les troueuses
de phrases shootées
à la nitroglycérine
comme toi

Je me plonge à fond dans les scènes
de la vie ordinaire. J'arpente trottoirs
villes bureaux supermarchés galeries
restaurants trains parcs boîtes soupentes
caves parkings coton dentelle latex
toisons rendez-vous conversations
sommeils cuvettes familles amis
boutique sociale toute l'organisation
normée des jours qui se comptent en angles droits
et ça m'épluche les nerfs
tictac supercherie.

Ça ne marche pas.
J'ai envie de traquer celle
qui réveille cerveau et tripes
avec ses mots sertis dans la magie
je veux des giclures sales
sur mes parterres fleuris
pom-pom mélancolie.

Ça commence à saigner
dans les bas-côtés de la city : boucherie.

Elle a un cou obèse. Les quatre saucisses de ses bourrelets avalent avec un immobilisme déconcertant son collier en or – impossible de savoir entre quelles couches exactement la parure achetée au rabais sur les marchés de Hammamet se gélatine. Devant elle, un plat fumant. À ses côtés, de gras costumes trois-pièces pacotilles et pellicules bouffent le regard jusqu'à ne plus voir le blanc dans le noir. Dans la main, je tiens une fourchette. Solide. Fourchue absolument. La pulsion cogne carotide furie je vais la planter je me dis. Écouteurs en mousse. Larges. Je m'avance dans les avenues. Les façades saignent à flots compacts. Un type sort du tram. Il a l'air de rien. Il travaille, ou pas. Je veux dire : il est salarié, ou pas. En ce moment, pas de différence dans l'apparence : il a l'air coincé. Pressé de quitter la rame. Brun. Barbe naissante. Crevard. Chute. La nuit plastique va se noyer dans le canal en écumant des histoires à tomber debout – et des carcasses de rats morts et des restes d'étoiles – ta gueule putain avant que le jour se lève avec les babils des tours les tournez-manège des navetteurs des chômeurs des poussettes à mille roues il ne faut pas tuer l'ébullition du silence la symphonie des derniers accords noirs sur bleu je voudrais entendre les néons gémir sur le vinyle de mes jambes tandis qu'il ballotte au bout de mon bras ses cheveux humides ricochant fluo sur les lettres apocryphes K_NAL il faut qu'il cesse d'être trop grand pour mes cinq doigts sinon je vais le perdre avant d'atteindre le quai. Le trophée n'a pas bonne mine plique-ploque un appel au secours inutile un code ancestral, périmé vieux comme l'ennui alors que, sous les graffitis couleurs poubelles des grands enfants d'hier l'eau sur les parois de pierres, le béton cryogénique appelle un sacrifice une seconde qui fasse sens il serait temps que quelqu'un garde la tête froide puisque sous ma crinière Klein c'est frozen yoghurt glaçage de neurones en kétamine je le balance à l'eau pas vue pas prise. J'écarte les pans de mon manteau pour que l'air passe entre mes particules engluées. Dans les vitrines de luxe, les mannequins en jarretelles et bas noirs m'explosent les rétines. Elles n'ont pas de tête, ou pas de buste, les deux à la fois. Je suis amoureuse. Sur un vélo statique, en salle de sport, l'indice des pulsations cardiaques me cavalcade angoisse. Je vais crever. Je tourne la tête et observe, bouche entrouverte, le tas de gens qui palpitent. Ça me sourd dans les tempes. Je refuse de quitter la selle sans avoir trempé les trois quarts de ma tenue. Idée fixe Madonna, je donne en prière de sueur ce qui me reste d'atomes à dézinguer le monde. C'est toujours à ce moment-là que je te vois. Que je récite des mots mantras cataplasmes de la folie, que je fais flamber les neurones à la vodka psychopathe et engendre des gueules de bois sauvages. Je me dévore des morceaux d'être. C'est un délice insupportable. Je n'ignore pas qu'à l'instar de la chasse et comme la magie, l'obsession a un prix.

Car chaque heure me fissionne fissa
derrière moi une tribu
de mois
inconsolés
m'entaille décharge électrique
les hémisphères.

Impuissante je développe anorexie
de l'Histoire et ça me va
par intermittence.

À présent, je vomis
tous les commentaires de la journée avec majeur
et index limés précision.
La bave qui s'étire m'offre
un paysage aux frontières organiques.

Déclic
de raison
enfance
au cran d'arrêt
jute
sur le carrelage froid.

Personne
devient foule
je prends
la pose.

Il est passé midi je dégage,
le service de chambre est à
deux portes de la mienne
313
toutes les heures depuis ont
cette couleur-là
synesthésique.

Je ne connais pas leurs noms
je tiens l'arrondi des seins
essaime est-ce le bon
numéro de quoi a-t-elle l'air
découpe en quartiers
draguer sur des étals saignants
tétris épileptique
à l'odeur
Sherlock sur phalanges
culs sexes arpentés fouillés
ce qui palpite se lèche
faisons semblant de croire
que la marche du monde est tachycardique.

Je cherche l'axe adéquat pour qu'on me percute.

Tu n'as à nouveau plus de forme
pas la moindre aspérité
je t'abandonne je te superpose
à d'autres vaisseaux armés
de mains conquérant
la pente lisse des possibles
bleu bleu
sursaturé

Aujourd'hui
tu me sers de passeport pour les jours
à venir
je te scanne
bip bop
sur mes antennes
aujourd'hui est demain et est hier
ici
et tu me tiens comme je te tiens
à quatre pattes
putes en collier.

pouce levé
sur le ressac des existences
j'aime qu'on oublie
la direction des heures
aux vents
séquences en laisse
aux carrefours
je passe sous le tableau de bord.

Ouvrir les lèvres
du seul temps qui compte
deux doigts dans chaque orifice
sur un canapé trempé
dans des draps ikea Chronos doll gonflé
bouche à bouche j'irai conter
fist en fleur en boîte,
plus tard.

Il y a mathématique sauvage je leur dirai
aujourd'hui
attentat

J'avale du gin jusqu'à ce que tu te saoules en suçant
On meurt pas de ça, chica.

Sur aucun arbre se pose
qui dans tous les alphabets
hurle nevermore

oxymore en paille noire
je t'aspire
te finis sur les gencives.

Blue
c'est mon nom
c'est b.a.-ba
c'est dans tes cordes
double double nœud

Il n'y a pas de parole juste
sans ricochets de langue
écarte les jambes
abreuve-moi liquide
à mille dimensions
que je me noie
marée sonore

retrace
allées
jardins
cathédrale
redresse le mont de la victoire
callipyge l'entêtement et la lubie enserre
plus fort sinon je m'évapore gouttes
acides redessinant la carte du monde
en océans d'angoisse

J'étouffe si on ne me menace pas
de perdre la tête
de quitter la terre
de me damner
de foutre le feu à mes
paquebots d'allumettes.

Ici
On n'interdit pas à Angela de porter des tailleurs dégueulasses ne l'oblige pas à changer de prénom dit qu'on est libre n'a pas vraiment envie sort n'a jamais vu ce que c'était vraiment, dehors rentre baise cuisine des plats en sauce collectionne les Panini va voir des concerts assiste à des performances oublie la règle d'accord du participe passé chante dans des karaokés parle en yaourt travaille fait semblant qu'on n'est pas dupe remet des prix ne regarde pas derrière l'épaule touche du bois est allé chercher l'enfant à la sortie de l'école est allé le chercher dans son lit est à deux doigts de tout parle du temps qu'il fait passe le reste à attendre que quelque chose se passe n'ose pas dire qu'on s'emmerde lâche rien conduit des blindés tire les cartes se sourit les yeux embrumés aime aimer frappe parfois en plein dans la mâchoire apprécie le goût du sang, l'odeur du mazout et des cages d'escalier passe la douane achète de l'anti-moustique et du détergent vend des diamants est de gauche marche pour la planète amasse des pommes pourries n'a pas l'élégance de la méchante reine tient le coup formule des bonnes intentions.

On s'éclate.

Ici
dans le Bottin des échanges
j'avale petites boulettes de papier
bible
de peur qu'elles s'installent dans
ma bouche
ou colonisent cerveau
impriment du vide au-dedans
des bleus

ce qu'on y dit
ne mord aucune langue aucun
objet dissolve chaque sujet
dans la bouillie beige d'un réel avorté
par lui-même.

Je régurgite souvent à côté,
hirsute, ce qui s'alphabétise
malgré moi

Elles me font suer des paumes
le jour quand la nuit m'éparpille
gouttelettes salées du nombril
à l'aine
quand j'y rythme un gang-bang
de poupées marines

Ventre allongé sur le coffre
pieds et mains entravés
les nœuds attestent
enfin la douleur

un milliard de degrés à la surface
rouge.

Quand tu remues elle scie
tes poignets tes chevilles
les massacres se passent un nœud coulant
l'ordre social joue au pendu

tes vitesses libèrent feu d'artifice
une naissance à chaque brûlure
on est plusieurs en toi
et autour de l'autel on danse
loops
samples
cire
tes épaules tes reins
t'es lacérée cuir haute couture
sur
électro nyctalope

Hosanna : Sauve donc !

Sans rire.

Mais en se mordant les lèvres
pommettes ardentes
ennui abyssal
œil agile hier
comme demain
sur les bancs de l'église, je sème
des fruits qui piquent dans les liturgies
pour baudruches de l'existant :
Aux ananas au plus haut des cieux

Abats-moi Abats-moi Abats-moi Abats-moi

je n'aime que ceux qui me trouent
Disneyland le cratère de l'apparence

je hoquète chaque mot qui ne me vient pas
quand on attend réponse chœur syntaxique

les Barbies étaient mes putains
les petites filles mon orchestre
du chaos
les prières un prétexte à caresser
les plumes de l'impatience

Et là

je n'ai pas de temps à donner
en jachère
je n'ai pas de temps à donner
en fertilisation de la matière
je n'ai pas de temps pour anti-
nommer les reflux du jour.

Est-ce le pic de pollution à Taïwan,
la déforestation de l'Amazonie,
l'indifférence occidentale,
le fossé riches-pauvres, les sdf, les murs anti-
immigrés,
la violence conjugale, le viol, le racisme sexisme
intégrisme, l'ours polaire le thon le tigre le lion,
la perspective de bouffer des insectes...
Plusieurs fois
par semaine
par jour
les carrelages des toilettes
sont mes alliés
les angles morts des fenêtres
les recoins des allées les draps
les chaises les cordes les gouttes
de pluie je raffole des accoudoirs
prétextant l'ordinaire je convoque
le pire dans mes escapades
où l'urgence prévaut sur tout
c'est toujours à ces moments-là
que je me sens le plus
en adéquation avec ce qui se passe
je trouve les mots
je souris
et je me barre
je glisse paume botaniste

conjugaison barbare et aristocrate des gammes
photogéniques
de l'indécence

je saute sur moi parfois sur toi
onanisant hosanna
au creux de moi une cible vivante
en demi-lunes, morsures et présence

Défonce
roulette russe
alouettes en formation de chasse

Descends
depuis le sol jusqu'aux cîmes
menthe à l'eau de zamzam

achève crève saigne
j'aime l'opacité du sang sa chaloupe
sucrée salée

tu ne veux pas avoir une aussi grande
malade dans ta vie
une obsédée qui chronique tes élans
catalogue les blancs les souffles
enfonce le poing jusqu'à l'arrière
de ton crâne et s'en délecte

J'achoppe encore sur les corps
dysphasiques je deviens aveugle
ils me font perdre la couleur des
sons et la mélodie des paysages
alors dépeuplée je ne peux rien
faire d'autre que traquer celles
qui comme toi vont me buter.

T'es blonde, t'es brune, t'es noire, t'es scintillante, t'es
petite et t'as des jambes kilométriques, t'as plein de
pognon et tu me taxes sans arrêt, t'es cinglée,
à perpétuité, t'es timide, t'as peur de rien,
tu collectionnes les amantes, à l'infini,
t'as pas le permis tu roules en
décapotable, t'aimes le café
et le whisky, les chiens les
chats, personne,
ta couleur
préférée
c'est
le
rouge
du ciel et
le bleu des
orgasmes sous
MDMA, t'es contre
l'artifice, pour les abris
anti-atomiques, t'es bitch,
t'es maso, tu ne supportes pas
les déglutitions sonores, tu fumes pas
t'achètes que des Tigra, tu te tiens toujours à la crête
du temps quand je cligne des yeux tu es nue sans mentir.

Vantarde.
Toi, ce n’est pas toi.
On te prend avec des verres fumés.
Toi c’est une mitraillette de mots
pointée sur le désir

Prétexte.

Personne
c'est le nom de la mort
qui s'annonce

alors

devenir désordre
semer les flics de l'aube
camer la trotteuse

sur un millier de corps
distraire la langue
de la perte

avaler, par exemple, le tien
avec les balles perdues.

T'es là ?
Accrochée aux montants du décor
disséquée atomes sado
évaporée dans les nuées de napalm
recouvrant propositions
pharmacopornographiques
que nous sommes.

Schizoïde
l'allure
le geste
souci du monde
kaléidoscope

En fin de compte je n'ai pas
de thune pour la main qui se tend.

Je compte les hématomes de
l'hébétude.

Interlude marin

ce n'est pas que tu sois tellement épatant·e
ou doué·e
ni si drôle
ni généreux·euse
c'est juste que tu reviens tous les jours
gorgé·e de sel, sur ma langue
selon un double mouvement
irrésistible et refusé

c'est idiot, une marée

Calendrier perpétuel

Jour 6

la pensée se détache du rouge sang

le cycle en salle des machines
meugle encore mais l'oubli
retrouve l'appétit

on pense maintenant une fois sur cent
aux turbines utérines
réflexe ralenti mémoire
flinguée chaque mois

comme les pendules qui s'arrêtent
sans avertir la conscience
le calme surgit
insaisissable
– j'aimerais rencontrer quelqu'un·e ayant réussi à attraper le dernier tic de l'horloge, la première note de silence

l'écoulement se tarit sans sécher
j'ai dix ans j'ai quarante-neuf ans
quelque part entre ces âges
je sais que je me tiens
oblique entre des fluides

Jour 10

même pas la pluie
qui douche pigeons polyester et chignons
même pas le Mozart Lacrimosa
dans les écouteurs noyés
les factures de ma boîte aux lettres défoncée
la poubelle qui se déchire dans l'escalier
rien ne peut plomber mon allure
reine

aujourd'hui je m'appelle Athéna, Beyoncé, Ellen Ripley,
Supernova
aujourd'hui je massacrerai mes ennemis
je serai Marie Curie
je courrai la distance entre ma chambre et Vénus
avec une aura fluo des boots de ranger cloutés et je
transpirerai la sève des victoires à venir

chères ourse, chardonnerette, tigresse
ne craignez plus rien
les pollueurs les violeurs
tous les salauds crèveront d'un coup simultanément
j'ai juste pas encore décidé la tranche horaire
entre Dallas Ixelles et Moscou
il est pas minuit à la même heure
certains mourront en plein jour
à la banque sur la table de massage au téléphone
devant toi et en masse
dans la file du McDo
il y aura des hémorragies baveuses sur les carrelages
à la salle des profs aux vestiaires des clubs

on pourra respirer franchement
la joie me cheville au corps

je suce les gouttes qui tombent du ciel
comme des bonbons de promesse
sur ma lèvre inférieure

Jour 17

je m'accorde aux saisons
elles cousent sur mes matins
une raison de croire
à un passé amphibien
à un devenir étoile

alors seule je m'ouvre
à une foule
tous les pores
captent
des battements
des ondes
les tremblements du tracé
des personnes qui m'entourent
passeuses de jardins, de terrasses
ami·e·s et inconnu·e·s
me peuplent

derrière mes paupières closes ou
quand je fais la vaisselle
leurs images se succèdent
dans le désordre des visites
intérieures

tatoo par visioconférence
à l'encre de bruit blanc
dehors imprime dedans
je soutiens je couve
en filigrane leurs trajectoires
je protège leurs envols et leurs chutes

avec des mantras
sous-cutanés

si on me découpe transversale on trouvera
une musique de fonds liquides
des baleines dans les artères

MC Sonaar je suis chargée
du fracas de leurs vies
compagnonnage
muet

la tendresse me foudroie

Jour 26

tout quitter
seule réponse acceptée
à chacune des questions
sans issue qui forment
l'unique langue que je semble connaître

que me lâche
aussi ce qui m'attache mal
les liens en rompant
sont des fouets qui claquent
sur les yeux

je marche par saccades sur ma tête

pendue
entre les fins et les débuts
si je me passe la main sur le crâne je sens
une chevelure de vieille femme
tremper dans la tourbe
demi-cadavre je me prends
pour du papier buvard

Jour 1

je ne pense pas à l'enfant
je ne pense pas à l'hystérectomie
je ne peux pas lire
je ne peux pas me tourner
je ne peux pas rester immobile
je ne peux pas parler
je ne peux pas être en communication avec toi
je ne veux rien
je ne peux rien
puis je reviens d'entre les gisantes
l'écartèlement intronise la coulée
et j'oublie tout devant
le rouge

Jour 13

j'écarte les jambes et je pourrais
recouvrir l'immeuble d'un filament translucide
mi-escargotte
mi-araignée
je le vois qui s'étire depuis mon sexe
rien d'animal ne m'est étranger
si personne ne vient à mon secours
je m'en chargerais moi-même

(il ne faut pas que je pense à la voisine)
(il ne faut pas que je pense à ma grand-mère)

allez, come on
que quelqu'un·e frappe à ma porte
que je lui emplisse les doigts de la salive
qui me déborde je veux qu'on me fatigue
le sang les chairs qu'on m'écrase et me roule
sur des kilomètres d'index

mes ovaires sont si durs
qu'ils plaquettent chocolat
qu'ils portent le monde
et mes mains se multiplient
et mes vêtements se tirent
on peut lire le futur dans mes poils dressés
en langue hermaphrodite, tarentulaire

Jour 30

quel scandale
je vis dans un bouge
une grotte que les virevoltants moutonnent
que la crasse éclabousse

quelqu'un·e a dû m'injecter un produit dans la nuit
un concentré de placenta
de Madame Propre direct dans la pupille

impunément comment ai-je pu
permettre une telle dissolution
défoncée au vinaigre blanc
je bicarbonate le frigo
les interrupteurs les portes des placards

enrôlée dans les rangs
de la tyrannie domestique
je voudrai laver l'affront
fait à l'impureté
en léchant toute ta peau
viens comme tu es surtout
ne sois pas en retard

Jour 29

je est encore une autre
en passant des portes
les chambranles se rapprochent
de mon derme pneumatique

bibendum mutante
je fais de la rétention
teste mon extension
par de petites pressions
et me demande

haricots verts
viande rouge
vin rouge
cacao noir

de quelle couleur est mon or
dans les sources de la bouche
où trouver un métal comestible je boufferais
des roches je sucerais des cous
murder dans le miroir je vois incarnat
mettez-m'en plein c'est pour m'offrir
une faim vingt mille carats

Interlude marin

à Roscoff les vents ne disent pas
autre chose que le début de la mer
et la fin des terres fermes et seulement
dans ce sens et comme si
ça ne suffisait pas de boutonner
de calfeutrer les corps il faut plier
sous la volonté de l'estacade qui perce
la frontière entre un devenir salé
et un passé de bitume je n'ai pas
le pied marin mais bien l'esprit
de biais alors je peux sentir
sur la peur de rester ou de partir les muscles
de la mer cogner jusqu'à ce que les yeux
soient à l'endroit du cœur et que le souffle
artère la possibilité de vivre en superposition
de la houle jusqu'à ce qu'advienne
le sentiment diffus celui que je préfère
– une disparition

La carte du ventre

quand on leur demande
discrètement
de jouer avec nous
l'ennui flirte avec la mancie
à la rubrique quizz
donne-moi ta position
répondent BuzzFeed, psychologies.com
procrastination bubblegum
donne-moi ta position préférée
et je te dirai

qui tu es
comment tu vas
la formule magique
pour marabouter ton crush
changer de sexe à volonté
te révéler l'âge de tes illusions
et la couleur de ton doudou
des choses inouïes
sur toi-même
en somme
te consacrer majesté mutante alien

pour connaître le signe de ton âme sœur
donne-moi tes endroits favoris
tes plats de prédilection
dis-moi comment

tu agencerais la chambre à coucher
d'un palace imaginaire

le curry plutôt que les boulettes
le sundae plutôt que la tarte aux pommes
un king size avec beaucoup de lumière
dans la tour sud
d'un château en ruine
parce que tu as l'âme romantique
et le succès agoraphobe

où trouver un mode d'emploi
un indice sur la route à suivre un bip
sur le téléphone qui indique
que la prochaine rencontre de ta vie se trouve à quatre rues d'ici si tu plaques tout et que tu sors maintenant et que tu tournes à gauche et puis encore une fois à gauche à l'intersection suivante

tourner le rouleau
de la machine à désirs
faire du temps assassiné
un festin pour danser avec
l'idée qu'on se fait de l'amour
de l'abondance et de la vénalité
pour ne plus manger seul·e·s
des glaces à l'italienne des fish cakes et son propre silence
mastiquer lentement
préparer l'estomac
faire advenir
la prédiction d'un match

c'est jeter le présent
dans l'armoire magique
dans les jupes de la sorcière blanche
c'est une histoire de foie
un léger toc une superstition
biliaire
une expérience millénaire
depuis les chasseuses-cueilleuses
jusqu'aux instagrammeuses
les entrailles pilotent
nos vaisseaux désirants

alors
apprendre à connaître
sur le bout des doigts
de la langue
des poils
la carte du ventre
sillonner les latitudes superposées
des appétits secrets des boulimies
urbaines panneaux d'avertissement
de rappel d'information culturelle
sur les autoroutes intestines
quand on aime une fois on aime toujours
l'amour n'a pas d'âge
faim de toi soif
de toi aires de la sidération
ronds-points de l'obsession pic
de stalkage sur les réseaux aussi
il y a des points de vue où arrêter son char
des étapes souvenirs comme des rues
qu'on évite pour pas croiser

son propre fantôme refaire
les gestes de la conquête
d'un territoire abandonné

faut-il fleurir les parterres
des dévorations passées
avaler des images et des signes
de l'autre au kilomètre exploration
appliquée des grains de peau
des départs de feu
des variations alchimiques
de températures

quelle est votre position
sur l'échelle de Kinsey
demande Europ Assistance Meetic Gayvox
sur la bande d'arrêt d'urgence
sur l'IVG
l'utilisation de lubrifiant au THC
amant·e·s d'aujourd'hui
amoureuses d'hier
où se trouve votre lune noire
et celle de vos ami·e·s
quelle place occupez-vous
dans un groupe
à la table des souvenirs
votre ex est-elle
devenue une amie
encoder les coordonnées GPS
des affinités majeures
quelle est votre position préférée les filles
suggère Google

chercher l'idoine emplacement
du bouton on off
presser remonter descendre
respirer par le ventre
daddy issue
mommy issue
à quel moment cesse-t-on
de ne pas se soucier du lieu où on se trouve
pourvu qu'on soit à deux
à quel moment
la destination acquiert une importance
les paysages de la panse
invisibles pour quels yeux
en vente chez Sotheby's
en vente sur Etsy
donner un chiffre
de 1 à 10
sur le degré d'attachement ressenti
sur votre indifférence
sur votre désarroi
sur la puissance orgasmique
sur la qualité de l'accueil de votre Airbnb
sur l'orthographe de votre correspondante
sur la largeur de votre sourire
qui s'étale confiture maison
pourtant partout aux terrasses quand
les doigts sentent encore la chasse
au trésor

des carrefours pianotent
des numéros de téléphones portables
sur les neurones digestifs

partenariat du ministère de la Santé, des Transports et de la Magie
toutes les bagnoles
sont un temps devenues
la tienne
et je joue encore à me retourner parfois
sur elles
juste pour connaître
ta position

Interlude marin

les plastiques humaines laissent à la surface
des traces d'huile de bronzage
et plus loin des déchets – une mer
dans la mer qu'on appelle continent
et l'on ne sait rien de ce qu'il se passe
en dessous de 10 000 mètres de fond la lune
a moins de secrets pour nous les abysses
marines intestinent sans nous et
peut-être qu'au syndicat des noyé·e·s
il y a des postes à pourvoir pour
celle·ux qui ont des vagues à l'âme
ou bien une revanche à prendre
sur la vie qui s'étale en protection totale
contre le soleil dur des congés payés

Paysage avec vaches

composter

n'a pas le même sens
pour les amatrices vegan de Wellington en croûte
pour les contrôleuses des chemins de fer
pour les employées de La Poste
pour les larves nécrophages
petits tas sans cap vallons
humides collines tangentes
linéarités mensongères
je suis à la campagne

on dirait

un vert gourmand tapisse l'horizon
mon tabac est sec
mon sexe est sec
je le dis pour changer un peu
de registre parce qu'ici
comme ailleurs des histoires
rôdent dans le paysage
des clichés qui défoncent
la possibilité d'une présence nue
une rencontre débarrassée de vergers peuplés
d'oiseaux inquiets d'enfance à la noix
de pesticides en infusion

je voudrais juste
un face-à-face bovin

l'aridité de l'époque contraste
avec le côté goulu de l'herbe
et les discours restent secs
et le vert obscène
douloureux presque dans son absolue
inaptitude
à la consolation
à l'hydratation verbale mais
il pleut un jour
sur deux alors nous portons
sous la ceinture des sabots
de jardin que la rosée macule
ma toux est grasse mon sexe est sec
on dirait
une façon comme une autre de rétablir
l'équilibre des fluides

la terre a trop bouffé
elle s'écrase se répand
sous les pas humus
partout partouze nulle part
dans les récits à la radio ici
les cuisines et dépendances abritent
des fréquences en nuages
invisibles pas comme la fumée
des bouses fraîches des cheminées
police des corps habités
d'histoires à raconter
en rêvant au supermarché

en attendant un go
une lettre de Poudlard de Greta Thunberg de Louise Michel d'Amazon
la fin du surplace
au rayon boucherie dans les poubelles javellisées
sur France Inter Netflix et Arte

le taureau blanc
n'a pas de couilles
les loutres nagent et plongent
dans le silence de la rivière
isolément le décor
établit sa wishlist
en langue étrangère

la retraite

n'a pas le même sens
pour la vache du champ d'en face
pour les livreur·euse·s Deliveroo
pour les séminaristes
pour les habitant·e·s de Gaza
pour ma mère
pour moi

devenir vache

c'est une prière
à désapprendre qui m'occupe
je ne m'attarde pas
dans la petite église à la charpente de bateau

au village
la mer est un souvenir
que les frondaisons rappellent
écrin peuplé
de chevelures pumpkin spice
les hêtres et les peupliers
conversent à dix mètres de haut
les récits bruissent chemins
sous-bois tapis de feuilles ou de cendres
crickets fluo vignes vierges glands clôture
hiboux canards
fosse sceptique
qu'on se le dise
gueuse is the new heroïne
la permaculture comme solution
à tous les problèmes comme religion
on dirait
la campagne fait bander
la campagne promet un futur quand les anciens futurs
sont annulés
la campagne jamais
ne stabilise le regard
je me paume dès que je m'éloigne
avec des châteaux d'eau
pour repères
des silots avec des antennes relais
pour mon iPhone
qui filme des preuves
de vie qui cherche
la rassurance
d'un récit qui dirait
pourtant la joie

avec des épicéas qui pointent
le besoin de rituels pour continuer
comme on avait dit
des topinambours des pis qui dansent
sur le verbe brouter
arrachages menus
qui bercent comme la mer
qui fantôme la campagne
c'est un pays âgé de toutes les sueurs
des labours et des mises bas
des circuits touristiques des points de vue des nouvelles
terrasses
où l'on manque d'ancres
pour arrimer le cœur quand la lune boit
où les tilleuls centenaires
font fumer les tasses qui encerclent
l'âtre des échanges
autrefois des cuisses
furent écartées ici
par des seigneurs des paysans des abbés
des verges odorantes
brouter sans pouvoir s'arrêter
par des mains délicates
par des bouches saphiques
green addict avancer sans réfléchir
en chiant un parfait
écrasement sonore
chevaucher une vache
pendant un siècle
avant qu'elle ne vous chevauche
les vaches tuent plus
que les requins

jusqu'à la fin du monde
devenir lit de gazon
soudain, quand était-ce
un coup de feu atteint
une cible quelque part
et je me sens visée
un trou indétectable dans le bocage
les chiens aboient
depuis plus de trois cents ans
quelque ancienne quelque fille mijote
des herbes amères pour soigner
ce que les mots font aux corps
qui ne savent pas
raconter d'autres histoires
l'après-midi on mangera
des champignons pour voir
derrière le visible
si on y est plus
vivantes que tout à l'heure
moins prévisibles que demain
comme sur le carrousel des débuts
de la place du village

quand je serai vieille
à chasser les mouches
de mon enclos sécurisé
je voudrai ruminer en bonne compagnie
naseaux ouverts
je vendrai de l'héro et de la C
du LSD ma gueule dans un Ehpad
de l'herbe fraîche
pour fumer ce qu'on avait dit

qu'on ferait et puis
je me gratterai le flanc
sur la clotûre du temps

Interlude marin

c'est étrange puisque je ne viens pas
de là où on filet de pêche quand
le jour est à poindre où on
algues vertes les années ordinaires
en cageottant les huîtres de l'ordre
des choses j'ignore tout du dessin
des courants et leurs forces sensibles
je fais plutôt des nœuds sur la ligne
de partage entre hier et demain

mais sitôt qu'elle s'éloigne du pays où je suis
les roches noires de la perte basaltent
mes journées alors elle descend des sommets
forestiers elle court je la vois sur les champs
de blé noir de lin bleu et c'est curieux
parce que je ne viens pas de là
non plus mais la mer a ses façons
de me suivre à la trace ou plutôt
elle me fait de l'effet et quand
tu passes derrière la fenêtre je regarde
s'y refléter le mouvement sûr
de tes écailles

Super Mario

cocktail party et soirée disco
pendant que l'équipage sourit
comme un père une mère comme
tous les jours et tous les soirs au bar
accoudé au mange-debout qui paquette
surprise au milieu des ballons
qui testent pas le plafond
des perruques à la colle forte
Super Mario s'atlantise
en sirotant un liquide couleur sunset

ça sent le bois de santal les frites
le musc le chlore mais pas la mer
non la mer commence derrière la baie
vitrée au-delà du DJ et après le spectacle
dans l'amphitorium aquatique et
seulement quand la torpeur recule
un peu dans les esprits acculée
par la fête en écho frais lointain
pour le cadavre d'un·e des leurs qui balance
sa retraite périmée dans un frigo
de la soute la mer alors entame
une OPA sur l'entendement
mais personne ici ne la laisse
vraiment faire les croisières ont un droit
de vie et de mort sur l'idée
de la mer elles ordonnent le loisir
le bon et bel usage du décor

elles gardent le temple de la félicité
et la mer leur esclave fait la belle
toujours dans le fond saturé
de leurs cartes postales Super
Mario parle très peu certains jours
pas du tout sa bouche est occupée
par la paille de bambou et surtout
par la joie une joie si radieuse que
les cinq océans absorbent à peine
tout son rayonnement une joie à 70 000 dollars
par an une joie toute simple qui habite
une cabine standard chaque jour de l'année
une joie rarissime et tellement précieuse
qu'il la tient tout seul au chaud sous
sa langue à l'intérieur de sa bouche
de l'animation de l'écrin pachydermique
du navire

vingt années sur l'eau et plus jamais
un orteil sur la terre sauf
au débarquement au réembarquement
quand une croisière s'achève une autre recommence
c'est une affaire de jonctions Mario S. paie
assez une femme du continent qui huile
l'agenda pour que ça glisse sans
anicroche très vite d'un pont à l'autre
il se l'est juré on ne le prendra plus
ailleurs que sur les flots il investit
à distance mate le baseball danse
la salsa à 70 balais mais seulement
en bateau et d'abord si les rêves
s'évaporent c'est qu'ils ont besoin d'eau

Mario S. le sait bien

le temps de l'escapade
ne compte pas sûrement
les dieux oublient ceux qui billettent
leur évasion qui l'étirent grizzlis
épilés de jacuzzis dans des parties
de tyrolienne d'arcade de mini-golf
sous des arbres roses et verts le temps
n'existe presque plus Mario
le mesure aux infrastructures
qui ascensionnent vers le luxe qui shootent
des couleurs vives quand il lève la tête les toboggans
fluo conquièrent davantage le ciel
chaque saison dans les parcs intérieurs
poussent des restaurants des bambous
des arbres ignifugés des manèges
indifféremment de plus en plus voyants
Mario vit pour de faux dans un jeu vidéo
et la musique sucrée des attractions rappelle
le mariage sacré de l'humain et du virtuel
caricature de l'enfance dont on n'en finit pas
de louer les bienfaits et les baleines ignorent
les néons géants et les tentacules raides
du paquebot ses piscines VIP et sa piste
de course et son café Starbucks et ses menus
bio et Mario caraïbe seul dans la foule
qui flotte préservée de l'effet de la houle
c'est de la crème anti-âge en tonnes
de carburant qui coule dans les veines
du vaisseau de compète et sans enfant
Mario cumule les points de vie

dans des QR Codes noirs comme le trou
de l'évent des cétacés qui expulsent
un peu d'air en passant un peu d'air
dans l'eau qui porte la croisière
vers d'autres restaurants et des tas de musées
que Mario ne verra pas pour ne jamais
quitter le ventre immense l'inextinguible
Merveille de la mer

Interlude marin

à V. W.
à I. J.
avancées dans l'eau salée, l'eau douce

qu'il soit permis d'entrer dans l'eau
des chevilles

des poignets

des vulves

des aréoles

des aisselles

des yeux

permis de s'immerger soi-même
les tempes – avez-vous aussi en permanence les mains
froides anticipant ce contact –
d'aller, enfin de l'avant

que les vêtements prennent
le poids de nos naissances nous
lestent libérées
de l'errance

que les cheveux dessinent ce que je trace
d'instinct, sur des bouts de papier, depuis
toujours : des courbes, la déliance
les entremêlements hypnotiques
de nos amours impossibles
sœurs

Horloges ou l'amour fait à un ami

rien n'est vrai tu le sais
plus vrai que ce qui se tait
après tout nous sommes des bêtes
de déréliction

rien ne nous attend

pourtant c'est arrivé avec le temps
qui lave soudain ce qui restait de soi
– quand une seconde une seule
liquide les certitudes – et ce qui s'amenait
avait l'allure d'un cap un truc infranchissable
il faisait encore froid mais le goût
dans les chairs ce goût combustible
qui vient tâter le pouls dissout
l'intérêt vraiment pour ce qui se passe
autour du grondement quand le monde
regarde ailleurs doucement le secret
assied la conscience et lui bande
les mains

et tu n'en savais rien pourtant c'est toi qui m'arrivais

tu arrivais encore tu arrivais déjà
ta silhouette découpe le noir
dans le noir de la rue et aussi
des almanachs

l'alcool se boit au litre
il retourne à la mer
dans tes yeux rieurs
et inquiets comme un homme
que les bouées évitent
et épargnent d'un quelconque
sauvetage

de ton corps surtout
c’est la vie qui se lèche
en lente sidération

sur ton crâne roulent
les mains d'une hypothèse
brûlante comme l'intérieur
d'un ventre

se perdent des heures pleines
où creuser l'intervalle
le galbe de tes baisers échappe
à chaque tentative
taxonomique

plus profond que ta peau
du scandale dans cette proposition :
et si.

l'appétit prend encore
les fantasmes pour de la viande
crue
le dedans au dehors commence
sa route d'incertitude

dis donc exquise terreur
as-tu pris ta dose d'extase
en matant le regard
s'approcher de la flamme

nu
pour l’encre des yeux fous
de tracer ton image
nu
jusqu’à ce que peut-être
le passé lui-même
révèle des tatouages

le four fait disjoncter le circuit
depuis dix jours le monde domestique
annonce un magnifique orage

dans quel écartèlement
trouver une issue
à la soif

le sang partout répand un cri de grand singe

les lèvres ultrasonnent
ton prénom dans une langue
inconnue

absent
même le poème te met
à l'abri de la foudre

gueule à manger
manger de la gueule
si la salive atteint
le téton titane
une explosion fait quinze morts
dans les futurs proches

de mémoire floue il reste
ta date d'anniversaire percée
au clitoris d'une fuite

de ton corps surtout
la brute excavation
de la joie

même le vendeur de vapes
accroché au comptoir en verre
comme à une camisole
a récupéré le flair des chiens
– eux aussi se retournent –
même les gosses tu sais
sentent une prédation

et la ville s'ouvre et s'écarte
les trams l'huilent la caressent
à boue portante un chemin de terre
éclabousse les pensées en chaussettes blanches

les parties de deux dogues capturées
balancent lentement sur la fourrure du regard

cracher lèvres closes
sur la teneur en glucose
d'un mensonge de plus

cracher pour retenir

un genre
d'action directe

pas d'ailes aux yeux des marées
pas de restes d'enfance accrochés aux chênes blancs
pas de mûres du désir dans les tabliers du dimanche
ça n'existe pas
l'éjaculation idiote
du poème

merci pour ce miracle
te bander
se conjugue à toutes les personnes
dans un présent perpétuel

tout est-il en attente d'être texte
oui
tout
souviens-toi *souviens-toi, le doigt nous menace.*
Les vibrantes douleurs dans ton cœur plein d'effroi.
Se planteront bientôt comme dans une cible.

pré
texte mon roi

te désespérer
t'observer avec des yeux plantés *dans ton cœur plein d'effroi*

au service du poème

que la mémoire recrache les parcelles de toi
pour tapoter tes joues roses avec ce lait de salive

avorter des souvenirs
avorter des projections

ce qui reste malgré tout est voué à l'ici
par réflexe, une forme plus ou moins docte
de docilité

nul souvenir
de ce que tu dis
il y a des mois, des années
que des bribes bibelots de sagouine
que le flux systole d'une branche
à l'autre dans le flou chlorophylle
des perceptions

ce matin Freud s'empale sur la raison pure
et à défaut
          de pouvoir éjaculer
          de ravaler la honte, toutes les hontes
          de cocher une case dans l'abécédaire
                                        de quelqu'un·e

d'autre chose, je ris

sais-tu que les hommes ont peur que les femmes rient d'eux
quand les femmes connaissent plutôt l'effroi de leur propre et potentiel assassinat

de ton corps toute la peur
une foutaise qui serpente
dont on fait des sacs des bottes
n'importe quoi et surtout
un remède au silence

comme l'horloge avance la crainte
de ne pouvoir jouir
                                        de toi
tire sur la laisse
dans les villes et les champs
une architecture de la perte
et de la connaissance s'esquisse
fait avancer le poème
sur lequel toucher un peu
de vérité le chien vient alors
renifler le doute sur les jambes et alors
s'accorder à son pas demande
de la vie comme la rivière qui
est un fleuve visiblement sur les cartes
qui se précisent avec deux doigts comme
les rides sur le front des ami·e·s tout
palpite et s'écoule selon une géographie
apparente

quand en toute sincérité pourtant je disparais

il n’y a pas de secours dans le poème
ni de mémoire
– rien ne revient
que la salive adoube
que le désir soumet
que l’envie ne décoche

Interlude marin

comme une jeune fille s'affame
surveille son appétit
regarde par-dessus bord les méduses
grasses de transparence les requins aux ailerons
de sirène qui froufroutent
dans l'eau claire

l'étonnement s'évanouit

je n'ai pas faim de ce qui fut

mais les mots
forment un cimetière vivant et je suis
nécrophage, bien élevée, tachetée
de rousseur naphtaline

les prières collectives à l'amour me dépriment

Celsius butane

des gens liquident en terrasse
un peu de leur ennui
dans les habitudes fume
un sexe encore vide

des jeunes troquent les années
tic tac contre des briquets et
des recharges de gaz au
comptoir du tabac ciblent le
plein l'invisible défection
respirée
dans un sac en plastique

à défaut d'un ailleurs

on se démobilise
la moelle des mots quitte
la conversation par nos trous
de nez on avale l'immobile
trajectoire de la soif

au contact des alvéoles
le butane peut changer de forme
entraîner la mort avec l'amour
aérosol au contact d'un poumon
d'un pouce d'une rétine
surprise :

le gel
méduse
une fin de partie

en public nulle toundra
pour l'œil
saturé de ses parcours la ville
assoit une irréalisation
fessue

c'est là que des verres frottent
les solitudes domestiques entre
elles ici que mes mains
capitonnent un espoir élevé
dans la graisse du non-dit

à quelle température
deviendrons-nous
ce que visiblement
nous ne devenons pas

pour les maladies psychosomatiques
pour la solitude enfant devant les phrases absconses et
la petite terreur
pour la perte
pour l'humilité contrariée
pour oublier
pour l'œdipe
pour l'injustice

en vain j'écris
pour l'advenue

nous sommes de moins en moins tempérés

je bois le vin de seins
inconnus de ma bouche

je gratte à sang
l'impression du jour
desquame demain je suis rouge jusqu'à l'os

confessions syllabes fumerolles *in petto* sous la sidération de l'ordre des choses et des enfants gelés explosés défoncés il y a des rêves tranchant des trachées mais surtout des abdomens un truc avec le ventre baleine billot bibendum butane rejet et déjections mi-molles

tarée t'es folle ma fille
et folle ça partage le même lit
de futur contrarié de naissance
dans des consonnes qui tiennent
pas la route

longtemps on a taxé les filles de folles à la bonne heure
il faut relire le doute,
Marcel

que lit-on
que fait-on
que dit-on des ébahissements :
l'ajustement des syntagmes aux repas des familles
les vidéos avec filtres et anneau lumineux
puis les claquements de doigt
en cercles de parole une météo des échanges
en tenaille
sur la langue inquiète
une pince de métal rassure
Celsius argent
la fermeté du réel
quand les postures
annoncent un devenir frais
plus proche
de l'état gazeux

les mots encore
disent autre chose langue
pendue aux éléments chimiques
du décor ruban à mouches je perds
le sens je gobe tout

un cou

tendu pointe
de l'i grec du corps qui s'opercule

une fente sombre des yeux
qui pèsent plus lourd
que le vrai rengorgé
par la main écrasé
poussin précoce
dans les cheveux

des iris dopés à la sueur
les canines poussent partout
sur les bras comme des clous
sur le cuir de la peau
jurant la dévoration plus
sûre que la tendresse
plus douce que le silence
qui meurt peu à peu
dans l'encolure du cri

sur la porte du frigo
l'alphabet des frousses
rapporte nos recherches hachées
en aimants froids
que le poème exhibe
à la frontière du vivre
en suçotant sorbet bleu
à l'amante

il y a du bon dans tout
écrit-on
prenez l'humiliation

deux chemins sûrs :
la peur de l'ennui
et l'ennui de la peur

mon royaume pour accorder les doigts
au corps souple de la colère

mon royaume est une ville
que je déshabite comme vous
savez-vous ce que vous faites
à l'air libre dans les cafés
les garages les cuisines les chambres
à coucher avec la réalité

son grammage
de cocagne tient peut-être
dans un sac en plastique
taquine la présence
soustraite du futur

moins plus moins
égal
une totalité bègue
un souvenir d'adrénaline
hoqueté par un vibro

tout ça pour faire semblant
d'adorer faire semblant
d'adorer

Interlude marin

sur l'île : la Reine
à sauver des Willy des profondeurs
dentées et des vagues scélérates

elle a peur ; elle est digne
amazone assise sur le monticule
jaune ; ses orteils touchent
presque l'eau et ses index pareil
– à l'opposé sextant l'île tient
dans une paume, vu du plongeoir
râpeux

je m'élance me pousse
une queue d'écailles bleues
recouvrant la moitié de mon mètre
vingt-trois

fendant les flots je turbote
l'ennemi qui me mord
vigoureusement la chair sans m'arracher
de mon but elle crie le sang coule
à pic je tsunami fissa toute caudalité
au bord de la piscine

ma Reine sauve m'accueille
dans ses bras de vanille le bonheur
proche d'éclore courbe les reins
de l'enfance

en classe demain elle me reconnaîtra
devant l'étal des yeux vides
elle saura quels crochets brillent au fond
de quelles orbites et me donnera son cœur
pur, odorant, conquis

Antirequiem

cisailler
la mémoire en autant
de va-et-vient sillonnant
une salle d'attente
aux urgences

et pousser des portes la tête
à présent taillée pour la sortie
tandis que le futur rase-motte
sans plus de fil de terre

sur le calendrier des jours
nés ex utero
font de ce qui s'est passé
un fracas de silence

C'est une histoire ordinaire. Des corps rejouent leur naissance, des liquides puissants façonnent un relief inédit. Sur des kilomètres : une dévoration.

l'absence de réponse
à ce qui s'informule
stabilise
un état de veille tandis que
tout autour les heures passent
avec indifférence
la ligne d'arrivée

rien ne s'accomplit que l'impact
muet des visites
à horaire coupé
infiniment la douleur
change
d'habits d'hôtes et de forme

une marche automatique
stérile vrille
le linoléum pastel

fondu au noir des ascenseurs
même les chaises de l'hôpital
tournent fou
refusent
tout retour en arrière

Il est faux de croire qu'alors le temps se suspend. À l'endroit du choc, aussitôt, pousse un mur invisible et on vit désormais deux fois, simultanément, de chaque côté de la frontière, deux récits de soi-même, une vieillesse hâtive.

au chevet
humblement
apprendre qu'aucun
corps ne met
à l'abri l'amour
se déverse
à côté de la perf
quelle que soit
la parade

l'œil ne se ferme pas
sur la couche ni
la peur
plus grande d'une extinction
que celle de la perte déjà
rompre
le pain de la confiance
à chaque fois
en plus d'un morceau
tenir sinon
aux anciens sortilèges
qui ne protègent plus
la nudité des liens
serrer ses propres coudes
dans les nouvelles
cérémonies ici
avaler
un succédané de foi
en faisant la grimace
au chevet
les amitiés
aussi
se dérobent
tournesolent
vers ce qui promet
de meilleurs lendemains
– un salut comme un autre

C'est une histoire banale de solitude à plusieurs. Une course vers la tombe distraite par l'envie de ne pas s'endormir.

sans repos
mécanique musique
de la taille
qui étête

les bouches rident
un horizon déserté

avec ce qu'il reste
de désir à refaire
le cœur
a faim
d'autres fatigues
d'autres gueules
pour chanter
un antirequiem
à la face du rêve
que la mémoire vive
arrache ce qu'elle veut
l'oubli est sans appel
l'oubli ne ment pas

Interlude marin

prudence des syllabes
qui cherchent la trace du poème
à contre-courant les pieds offerts
à l'écume les mots s'enfoncent
dans le sable qui suçant qui
mouvant la marée est putain je balance
à la mer toutes mes économies
de moyens

si je m'autorise
à pleurer est-ce que quelqu'un·e
récoltera mes larmes une rançon
un paiement de sel et d'eau équivalent
à la fuite du sens

dans chaque seconde
je me tue à aimer
la seconde d'après

Préservation de la déviance

la psychiatrie répare
le futur avec des mots
ceinturés dans l'hier

la tentation est maximale

le charme
fou

Anamnèse de l'affection :

l'historique du problème
est mémoire vive du sentiment

lissez du doigt
la corde qui m'étouffe
jusqu'à la racine

remontez à la source
de chanvre de mon amour
(ton désir me sauve de la mort)

je suis là pour devenir ensemble cette idée
discutable de verticalité

tout commence
toujours
(pour combien de temps encore)
par *papamaman*

dans le futur il n'y a ni père ni mère
mais des fœtus ventousés de tentacules
qu'un·e droïde alimente en pulsant du son
des comptines électroniques
émargeant depuis la viscosité musculeuse
ce son
ricoche sur leurs petits organes sucrés
en gestation

entendez-vous tam tam de membranes
le ravissement de ces ventres qui écoutent

écoutez
tout se finit
en -ine : cocaïne, kétamine,
saccharineanodineguillotineclémentine
mine de rien

la narine saigne la gauche
d'étonnement le mouchoir
expire comme un air de java

contre toute apparence si nous l'ignorons encore
demain s'additionne
dans la musique et la joie

Synthèse :

Le protocole rend compte d'une personnalité aux composantes obsessionnelles, en cours
de maturation

je serai un fruit
je serai un fruit ou une viande
imprégné des sucs de vinaigre
je serai un putain de fruit

dites-moi qu'avez-vous fait de votre putain de
putanité de pute mon enfant

la question n'affleure pas
dans l'air elle demeure
la maîtresse du poème
jutant son sucre et son sang
à l'endroit des appétits

on avance comme prévu
selon les modèles contradictoires des prédictions
en psychiatrie

Au niveau plus précoce
de la chaîne de traitement de l'information, on note que la détection automatique de la déviance est préservée et se réalise de façon précoce

alléluia en suçon de pouce

mon amie ne comprend pas qu'on peut mourir
je veux dire mourir
à l'intérieur épatant
d'hypothèses

les fois où j'ai repoussé le suicide
lui font des plis sur la face

j'aime les bouledogues et voudrais qu'ils ne souffrent
jamais

mon amour ton cul me sauve de la mort
et son absence m'apporte la mort
j'écris sans tristesse
le décès de toute chose

Conclusions :

entretiens cliniques semi-directifs, observation clinique, testing psychométrique et examens paracliniques, symptomatologie psychique, testing projectif

pomelo de palabres en particules
fines qui coule un oui, un non

le climatiseur effectue la traduction :

les bébés : des épées que nous frappons sur le vide
la catastrophe est caduque

je désire désormais
caresser c'est urgent
une carrosserie

l'avenir s'avale par l'oreille

tam tam les décors changent de forme
le boîtier de changement
de vitesse arqué dedans les ventres
ce son
déviant la position initiale
anticipe

le manque d'imagination infiniment
plus atroce que la fin
des abeilles

Recommandations :

Si souhaité,
Si souhaité,
20 mg, matin, soir, en transfusion, en bang, en aquarium, ad lib.
kiwis, bananes, vitamines, mollets pommés coulés de miel

j'écris dans le calme d'un surlendemain
de veilles l'advenue des possibles

le décès de toute chose :
le futur

l'infirmière chante quand je lui souris

Interlude marin

mes lèvres s'ouvrent sur ta sortie
de coquille
je ne cesse de te cueillir te parler depuis
une saison entière offshore
j'investis dans ta mise en bouche

te crée calcite
par à-coups de langue nourrie
aussi de restes de crustacés de squelettes
marins

fissile
qui te fendra
précipitera le monde dans un futur
accéléré carbone

je fais de toi l'actualité
la plus brute et désirable
une petite bombe

CDMX

à part l'aube personne
ne regarde le remake DIY
d'une insomnie

la poésie est-elle aussi perdue
dans les traductions on dit
non il dit : seulement si
les poète·sses traduisent les poète·sses
solubles dans la présence

être avec et contre
de cette étreinte sous les jacarandas
des arbres enfin vus autre part
après les livres

cureteur·euse·s de globes
oculaires

nail-art boucher du poème assoiffé d'altitudes,
de profondeurs il y a un autre côté à tout
les façades le cérémonisent
avec quel style creuser
ce qui n'a pas de fin

les filles serrent des filles des garçons
des garçons se tiennent la main à côté
d'une tente sans fortune et d'un passage piéton
arc-en-ciel on vend des cakes magiques
sous un pont et les pipes sont
ce qu'elles sont un soulèvement
si on veut

la ville versant riches évite les excès
devant les passeports qui se font dans les coffres
des paresses de chat
et les chiens se baladent à quatre, cinq
pour une seule maîtresse

la nuit ne dort pas

les boussoles articulent une nouvelle
proposition d'occupation de l'espace

(elles respirent sur les cuisses tatouées
un air de salsa)

la ville tient sur ce constat
– cette contrainte humaine –
qu'après la verticalité vient l'horizontalité

les lignes de vie et de mort s'architecturent
en bâtisses en gratte-ciel
en broderies pour l'œil en quartiers
en rectangles de tailles contradictoires et
complémentaires
contrecarrés palimpseste par les lianes
câblant internet et l'électricité

le décor incite à emprunter d’autres voies
diagonales
hyperactives

non des lendemains incertains mais
de l'instant à 36 à 55 degrés en gorge en jobs cumulés
en quatre heures de sommeil à la gym en Metrobús à
la cantine de rue en animation de shows dans les bars
en colère sociale et en très longs regards

les amant·e·s se jettent par-dessus les tables
iels règlent l'addition d'une main l'autre
caresse encore les cheveux le cou ou se matent
se codexent par rapprochements

obliques

que la lenteur incendie

que les musiciens chantent
que de jeunes sacrificiés offrent en rêve sur une place
au soleil de quatorze heures
que les jaguars digèrent tant qu'ils le peuvent encore
que la ville veine dans la jungle qu'elle reconvoque
pour contrer l'asphyxie
orange et rose des journées et des nuits que l'ennui ne
pollue pas

de nulle part : le parfum des hôtels
trotte sa petite diplomatie aromatique
sur quelques mètres avant que la viande
conquière un bout de rue disputé
aux fleurs militantes

le détail s'est élevé
à l'extraordinaire depuis que l'aube est
l'amie la plus proche

on peut tomber à partir de la terre
ferme jusqu'à perdre son corps –
quand la tête ne suffit plus
à mesurer un envers de vertige –
(la tête pousse sur le ciel qui pousse sur la tête que les palmiers renversent)

avant que la ville vienne recoller la peau
avec ses onguents en particules fines en sueur
étrangère

ils disent
au volant du taxi entre ami·e·s
qu'ils sont pour qu'on n'exige pas
de lendemain

remontant une tentacule d'autoroute
la radio parle aussi pour les fantômes

le passé s'abandonne
sur le terre-plein indifférent aux queues
de poisson quotidiennes

la mort se joue-t-elle
plus ici que là
entre les mains des petites filles
dans les ruines sismiques
sur le béton soulevé comme une houle
irradiée
dans le bleu absorbant liquide
ludique toutes les cendres
avec les corps qui chutent, avec ceux qui s'élancent

sa lumière met en joue
la violence furtive d'être
ici vivante

avec les heures multipliées
d'une fin de carême
          (la délivrance se rapprochant s'éloigne
          les gens ont beau presser le pas sur le chemin
du travail, de l'église
                    quelque chose les fuit en leur pinçant
          le ventre :
          un désir)

avec les heures additionnées
par la géographie légitimées
par les latitudes :

(la géographie est plus forte que l'horloge ;
l'espace, désormais maître du temps)

on ne compte pas

pourant tout s'accumule

lignes, liquides, liens, grappes végétales
animales de ciment
il faudra délivrer ce qui veut déborder
qui creuse par saillies le thorax
après les yeux

l'anticipation s'apprend
se soulage par l'ivresse
avec la danse l'instinct
d'accompagner quelqu'un·e
soi-même le rythme librement
provisoires

on ne compte pas ses mots
par la bonde de sa bouche humiliée
remontent le courant de la bière
à la banane : les prisons leurs esclaves
le renoncement lu sur le visage de marié·e·s
la génétique pour justifier
la désertion des pères
la raison latine sur l'urgence
la suprématie du sexe celui dont nous sommes
issu·e·s contraint-il à l'ancrage
l'apparition des ripple-marks sur les plis
des mères et sur nous qui sommes ainsi
soumis·es au temps qui est soumis à la géographie ici

il dit sa nostalgie sonore
diluée dans le mescal elle rappelle le présent
les montagnes oubliées dans un trou du décor

où étaient-elles passées se dit-elle

elle les retrouve en écho
de reliefs sur sa peau au format
Liliput elle sourit puisque vieillir
lui donne une place un endroit
solide, raviné, où s'habiter
veiné de plantes
saxifrages

à équidistance parfaite de la folie
et de la peur

à Ciudad de México,
par exemple

CARTE D'IDENTITÉ POÉTIQUE

Maud Joiret n'est sûre de rien, peut-être tout est-il faux. Mais ça commence, toujours et pour combien de temps, par un étonnement. Ou un sentiment similaire, quelque chose comme un doute. En tout cas, ça débute sur les papiers officiels en 1986.

De ce doute – ou de cet ahurissement – naissent peut-être les textes, on pourrait le penser comme ça.

Il y avait eu des tueurs dans le Brabant, pas loin, quelques mois avant. On ne les a jamais identifiés. Ils n'ont pas laissé leurs papiers, ni leur ADN sur les lieux des massacres. Ou très peu. C'est flou, et sanglant, en même temps. Ça a imbibé le pays, cet échec, ces fausses pistes, le sang. Elle n'en avait pas conscience. Elle n'y pense pas vraiment.

Il y avait eu cette année-là sur les Champs-Élysées la projection du clip *Libertine* de Mylène Farmer, de la fumée à l'aube, une main nue serrée sur un papier et du vin.

Il y avait encore un mur, à l'Est, par exemple. De la radioactivité dans l'air. Malik Oussekine était en vie. Le sida : tu.

Sur des photos, des ami·e·s de la famille se penchent sur le berceau d'hôpital en plexiglas. L'une d'elles a écrit *Les Contes pour petites filles perverses* et *Les Contes pour petites filles criminelles*[1]. Des années après, elle lui raconte pour s'endormir des histoires qui font peur, et elle faisait semblant qu'elle n'avait pas peur.

Le temps frais et gris, c'était attendu, les conditions météorologiques contribuaient à la prévisibilité d'une époque. Les gens allaient au cimetière, sa mère a reçu des chrysanthèmes pour la naissance. Son père était présent. Il est, entre autres choses, poète – peu de gens savent ce que ça veut dire. On fait un peu semblant, on croit voir. Mais comment être sûr·e·s.

La perplexité, aussi, on pourrait penser.

De ce gris, de ces atmosphères, de ces adultes, des costumes et des décors des années 1980 et puis 1990, il y a eu des mots. Il y en a eu toujours plus. Elle a parlé, elle a marché, dans un sens ou dans l'autre. Elle est restée longtemps dans la ville. Son œil a fait des overdoses, de ses rues, de leurs fantômes, plus tard, elle est partie, jamais tout à fait, on ne sait pas si c'est une tare, une qualité ou si c'est possible.

Comme beaucoup de gens, elle a étudié les lettres. Elle a travaillé pour les auteurs et autrices, pendant dix ans, à la Maison des auteurs et des autrices. (Tout ceci ne constitue-t-il pas une histoire de maison, une resucée œdipienne, un réflexe comme le hoquet + est-ce que ça a une importance ?)

---

1. Nadine Monfils est la fée et la sorcière penchée sur ledit berceau.

En 2019, elle fait son coming out avec un texte : *Cobalt*. Métal, élément chimique numéro 27 du tableau de Mendeleïev, le cobalt est aussi un bleu absorbant et irradiant, à s'en fendre l'iris. Publié à Liège, une autre ville, par Primaëlle Vertenoeil, aux éditions Tétras Lyre, ce texte est né d'une invitation de l'artiste Sadie von Paris, qui désirait créer une revue en noir et blanc, avec des mots, des photographies, des œuvres de femmes. La revue n'a jamais vu le jour, mais *Cobalt* lui doit d'être né de la promesse de sa naissance.

Cobalt a reçu le Prix de la Première Œuvre de la Fédération Wallonie-Bruxelles, en 2020. Elle a ensuite cherché, longtemps, presque trois ans, un texte qui ne voulait pas s'écrire, qui ne voulait pas lui donner un corps. (Elle pense parfois que les textes lui donnent un corps, et aussi l'impression de résoudre des équations en X.)

Grâce à une carte blanche du festival « Les Rencontres Inattendues », à Tournai, une autre ville, elle y a mis un point final et l'a intititulé *JERK*. Il a été présenté en août 2022 dans une forme qui mêle texte, son et danse, avec Majo Cázares au mouvement et Marthe Lagae à la musique et au chant. Elle a bénéficié du regard extérieur d'Isabelle Wéry et du soutien des Midis de la poésie/ Maison Poème. C'était la première fois qu'elle portait un texte sur scène pendant une heure. Mélanie Godin l'a publié aux éditions L'Arbre de Diane.

Il y a eu des respirations, entre les pelletées d'excavation de *JERK*. À la faveur de rencontres, de commandes, des contraintes salvatrices qui permettent aux mots de s'aligner, elle a écrit d'autres textes : *Antirequiem*, *La Carte du ventre*, *Paysage avec vaches*, quelques *Interludes marins*, *Calendrier perpétuel*... Elle a aussi participé à l'anthologie du Printemps des Poètes éditée par Le Castor Astral, en 2021 avec « Sixtine » sur le thème du désir, en 2022 avec « Marnie », sur le thème des éphémères, en 2023 avec « Super Mario » pour la thématique frontières.

Il y a eu des lectures, par ailleurs, de la voix dans des librairies, des festivals. La toute première fois qu'elle a lu l'un de ses textes, c'étaient des extraits de *Cobalt* parus dans la revue *Boustro*, numéro VII, au Comptoir du livre, à Liège. Elle doit aux poètes Karel Logist et Pascal Leclercq de l'avoir accueillie dans leur revue, de l'avoir lue, et publiée, les premiers. Chaque numéro de *Boustro* est différent, et celui-là a un format goéland, ou mouette, A3. Ça se voyait encore plus quand elle lisait, l'oiseau, parce que les mains faisaient trembler les grandes ailes du papier.

Quelques mois plus tard, elle participe, avec d'autres autrices débutantes, à un atelier donné par la poétesse et slameuse Lisette Lombé qui leur apprend à porter leurs textes et leur corps en public.

Elle pense peut-être que les textes lui donnent un corps parce qu'il y a eu aussi des performances, avant et après *JERK*, au cabaret Pourvu qu'elles ne soient pas douces, quelquefois devant un appareil photo (notamment celui d'Alice Khol) ou une caméra (elle joue dans l'adaptation de *Cobalt* réalisée par Jolyne Vanquaethoven[2]) et surtout en mashup de lectures, seule ou accompagnée (à la « Noche de la poesía » à Mexico City, à Bruxelles avec l'auteur-compositeur Major Dubreucq...).

---

2. *Cobalt* est visible sur Vimeo et YouTube.

Elle doit beaucoup aux auteur·rices de ce pays. Elle pratique avec enthousiasme cette reconnaissance, cette joie de les lire et d'échanger quelquefois avec elles, eux. De son point de vue, l'admiration est une forme d'amour, brut et sans mensonge, une consolation et une jouissance. Les textes viennent de là, sûrement, aussi. D'années d'absorption de mots, de surprises et d'écarquillements, en sédimentations textuelles.

De la maison, de son père, Michel Joiret (« Une petite fille / aux laits de fleurs marines / et de chair vive / vient / dire aux morts qu'ils n'existent pas[3]»).

De la bibliothèque familiale, des amitiés, des lectures imposées puis autonomes, de Jacqueline Harpman (« Dès que je le vis, je sus que Léopold Wiesbeck m'appartiendrait[4] »), de Georges Rodenbach (« Bruges était sa morte. Et sa morte était Bruges. Tout s'unifiait en une destinée pareille[5] »), de Madeleine Bourdouxhe (« Gilles... dit-elle, prénom court et mouillé comme un chuchotement, quand elle le prononce, la salive lui emplit la bouche, humecte ses lèvres infléchies, déborde parfois aux commissures en deux bulles minuscules[6] »), de Françoise Mallet-Joris (« J'ai toujours eu beaucoup de difficulté à m'exprimer parce que je sens les choses d'une façon embrouillée et souvent de deux façons à la fois, totalement contradictoires[7] »), de Véronique Bergen (« Les cinq lettres du prénom de mon amante doublaient les lignes de mon alphabet, ou plus exactement leurs éclats lumineux foraient d'étranges

---

3. « 1er novembre » in *Les Trois cent soixante-cinq visages de la mer*, Textes & Prétextes, Wavre, 2004.
4. *La Plage d'Ostende*, incipit, éditions Stock, Paris, 1991.
5. *Bruges-la-morte*, collection « Espace Nord », Bruxelles, 1986 – d'après l'édition originale de 1892.
6. *La Femme de Gilles*, collection « Espace Nord », Bruxelles, 2000 – d'après l'édition originale de 1937.
7. *Le Rempart des béguines*, Julliard, Paris, 1951.

paysages dans les caractères officiels[8] »), de Caroline Lamarche (« Je me construis une mémoire avec le corps des hommes, je me sauve tardivement avec le corps des hommes, je m'invente à l'âge adulte une enfance, humide du sperme qui m'a fait naître[9] »), de Jean Muno (« Accoudé au parapet de ma terrasse, je participe à l'hébétude générale, pour ainsi dire post-opératoire, et j'observe pensivement ce qui ne se passe pas[10] »), de Christine Aventin (« Le temps passe donc, et s'il est des contes pour apprendre aux filles à aimer celui qui va les tuer, Dieu merci, d'autres leur disent comment échapper à l'enfance et quoi faire d'un siècle entier de sommeil[11] »), d'Aurélie William Levaux (« J'ai entendu que l'optimisme allait devenir un critère d'engagement dans les entreprises parce que ça rend performant, ils ont dit. Cette idée m'a très fort déprimée. / Ouf que je ne cherche pas un emploi, elle pensit (sic)[12] »), d'Aïko Solovkine (« Les murs sont défigurés de vitrines et étagères ventrues et dégueulant leurs bergères et marquises en porcelaine, leurs dauphins en verre et leurs saloperies en pâte à sel[13] »), de Thomas Depryck (« Sur l'écran il y a toujours cet étrange animal au pelage vert pendu à une branche. 2 : Il me regarde. 3 : Je le regarde. 1 : Dans ses yeux, il y a le doute, et dans mes yeux, il y a le doute aussi. 2 : On se demande. 1 : QUI EST LE PLUS CON[14] ? »), de Charline Lambert (« Tu veux désincarcérer la bête de toi, / tu as des bouches à nourrir, et combien / de chiens affamés / au-dedans, en attente / d'une taxidermie. / Tu fourres toujours dans ta structure, / sous ta

8. *Fleuve de cendres*, Denoël, Paris, 2008.
9. *La Nuit l'après-midi,* Minuit, Paris, 1998.
10. *Ripple-Marks,* rééd. Samsa, Bruxelles, 2017.
11. *Breillat des yeux le ventre,* rééd. « Espace Nord », Bruxelles, 2018.
12. *Le Jour de travail,* Le Monte-en-l'air, Paris, 2019.
13. *Rodéo,* rééd. « Espace Nord », Bruxelles, 2020.
14. *Le Réserviste,* éditions Lansman, Bruxelles, 2013.

peau de cuir, / beaucoup trop d'humain[15] »), de Véronique Daine (« Je fais mon matin. Fais la pulsation des syllabes. Fais de la lenteur dans le corps. [...] Trouver les yeux sourds le dormir qui ne dort pas la faille par où vient la gueule[16] »), de Marine Forestier (« RIP la castagne d'un monde estomaqué / GO ovaler la soie chitineuse + spéculer l'calcaire[17] »)...

Etc. (et ça continue, c'est infini)(par exemple, outre une incrustation d'« Horloge » de Baudelaire (qui a aussi été porté en chanson par Mylène Farmer), il y a dans « Horloges ou l'amour fait à un ami » une expression piquée à Julie Trémouilhe, une locution si savoureuse, extraite des *Loups seraient restés des loups*, paru aux éditions de La Place en 2023.)

Etc. Etc.

Ad libitum.

Elle doit aussi énormément aux vivant·e·s et mort·e·s d'ailleurs, auteur·rices, libraires, éditeur·ices, passeur·euses. À Françoise Sagan depuis l'incipit de *Bonjour tristesse*, ou pour son épitaphe, et tout ce qui s'est passé entre les deux. À Gabrielle Wittkop. À Alejandra Pizarnik, pour ses *Œuvres*, son *Journal*, à ses traducteurs Jacques Ancet et Clément Bondu. À Simon Payen qui lui a fait découvrir Ingrid Jonker. À Joyce Mansour. À Violette Leduc (« Mon cas n'est pas unique : j'ai peur de mourir et je suis navrée d'être au monde[18] »). À Patti Smith, à Janis Joplin. À Bikini Body. À Virginia Woolf. À Jimmy Robert-Teyssier qui lui a mis entre les mains Hélène Bessette. À Dorothy Allison.

15. *Désincarcération*, L'Âge d'Homme, Lausanne, 2017.
16. *Amoureusement la gueule*, L'herbe qui tremble, Paris, 2019.
17. « Seaslug Fetish », in *Un rectangle quelconque*, numéro 6, Bruxelles, 2021.
18. Incipit de *La Bâtarde*.

À Brigitte Fontaine. À Angélica Liddell. À Annie Ernaux. À Fritz Zorn. À Aldous Huxley. À Virginie Despentes. À Alexandre Bord qui lui a fait lire Maude Veilleux. À Chloé Delaume...

À toustes celleux qui font sortir de l'oubli les autrices, penseuses et créatrices des siècles de bâillonnement patriarcal. À la soif de les découvrir. Peut-être qu'elle n'écrirait pas la même chose, elle ne vivrait certainement pas de la même manière si on ne les avait pas effacées des horizons visibles, elle se dit. Elle n'écrirait pas non plus sans les retours avisés des relecteur·ices : iels lui offrent rien de moins qu'un remède au silence.

Son cas n'est pas unique : elle a un désir d'écrire et ne sait plus s'il précède l'expérience ou si c'est l'inverse. Elle ouvre des pages, les jours, les nuits, les yeux sur tout ce qui advient ou se tient parfaitement coi. Seule, ensemble, il arrive que le regard ait faim, que son ventre devienne gouffre, que rien ne compte vraiment sinon répondre à la béance de l'œil. Tout semble procéder d'une traque de mots. Tout s'articule avec eux, en marchant, les écouteurs coulant dans les oreilles, dans les nerfs, des mélodies et leurs cadences, faisant circuler les fluides. Les muscles de la recherche tendus, gorgés de sang. Jusqu'à ce que ça fasse mouche, jusqu'à ce qu'elle sente, avec force, quelque chose comme la vie, percuter.

Bref.

Si l'avenir s'avale par l'oreille, ça a commencé, par exemple, avec ça : « Je voudrais comprendre / De ce paradoxe, je suis complice / Sans logique / Je me quitte / Souffrez qu'une autre en moi se glisse[19] ».

---

19. *Sans Logique*, Mylène Farmer, 1988.

Source des textes

Quelques textes de ce recueil ont paru en revue ou en volume avant cette édition :

Cobalt, éditions Tétras Lyre, Liège, 2019.

« La carte du ventre », texte et vidéo pour le projet de poésie numérique PAN!21, *Quelle est votre position ?*, Paris, 2021.

« C'est étrange puisque je ne viens pas », *le Non-Dit*, Bruxelles, 2022.

« Paysage avec vaches », texte et vidéo pour la Maison de la Poésie de Namur, 2020, publié dans la revue *Un rectangle quelconque*, numéro 6, Bruxelles, 2021.

« Super Mario », anthologie du Printemps des Poètes *Ces mots traversent les frontières*, Le Castor Astral, Paris, 2023.

« Horloges ou l'amour fait à un ami », revue *Catastrophes*, numéro 38, Paris, 2023.

« Antirequiem », *Le Journal des Poètes*, Bruxelles, novembre 2021.

« Préservation de la déviance », *Sabir*, vol. 5, Bruxelles, 2023.

TABLE

Collection « Poche / Poésie »

Rim Battal / *Mine de rien*
préface d'Arthur H

Nicole Brossard / *Temps réel du poème*
préface de Mireille Calle-Gruber

Cécile Coulon / *Les Ronces*
préface de Jeanne Cherhal

Cécile Coulon / *Noir volcan*
préface d'Alexandre Bord

François de Cornière / *Les Façons d'être*
préface de Paul Fournel

Albane Gellé / *Équilibriste de passage*
préface d'Irène Jacob

Abdellatif Laâbi / *La poésie est invincible*
préface de Jacques Alessandra

Mélanie Leblanc / *Encrer l'invisible*
préface de Clémentine Beauvais

Arthur Navellou / *Tenir debout*
préface de Pauline Delabroy-Allard

Serge Pey / *Poèmes pour apprendre à lacer ses souliers*
préface d'Adonis

James Sacré / *Une rencontre continuée*
préface de Bernard Chambaz

Milène Tournier / *Ce que m'a soufflé la ville*
préface d'Azélie Fayolle

Laurence Vielle / *Billets d'où*
préface de Noé Preszow

Ludovic Villard / *Il faut toujours se préparer à perdre*
préface de Simon Johannin

Stéphanie Vovor / *Frénésies*
préface de Jean D'Amérique

Thomas Vinau / *Le Cœur pur du barbare*

Cet ouvrage
a été mis en page et achevé d'imprimer
en août 2023
par les Ateliers Graphiques de l'Ardoisière
à Cenon (France).

Dépôt légal : octobre 2023
Imprimé en France